위조지폐 사기단은 모르는 돈의 비밀

사진출처

한국 조폐 공사
01/ 천 원권(38, 39, 76, 77, 79쪽) **02/** 오천 원권(74, 75, 79쪽) **03/** 만 원권(40, 43, 72, 73, 78, 106, 115쪽) **04/** 오만 원권(41, 71, 78, 114쪽)

셔터스톡
01/ 은행 창구(95쪽) **02/** 옛 금융통화위원회 회의실(106쪽)

통합교과 시리즈 참 잘했어요 **사회 ❽**

위조지폐 사기단은 모르는 돈의 비밀

ⓒ 글 강효미, 2014

1판 1쇄 발행 2014년 10월 28일 | **1판 7쇄 발행** 2024년 9월 10일

글 강효미 | **그림** 김령언 | **감수** 초등교사모임

펴낸이 권준구 | **펴낸곳** (주)지학사

편집장 김지영 | **편집** 박보영 이지연 | **디자인** 이혜진 이혜리

마케팅 송성만 손정빈 윤술옥 | **제작** 김현정 이진형 강석준 오지형

등록 2010년 1월 29일(제313-2010-24호) | **주소** 서울시 마포구 신촌로6길 5

전화 02.330.5263 | **팩스** 02.3141.4488 | **이메일** arbolbooks@jihak.co.kr

ISBN 979-11-85786-19-3 74300

ISBN 978-89-94700-68-7 74300(세트)

 지학사아르볼 아르볼은 '나무'를 뜻하는 스페인어. 어린이들의 마음에 담긴 씨앗을 알찬 열매로 맺게 하는 나무가 되겠습니다.

홈페이지 www.jihak.co.kr/arbol | **포스트** post.naver.com/arbolbooks

위조지폐 사기단은 모르는 돈의 비밀

글 **강효미** | 그림 **김령언** | 감수 **초등교사모임**

지학사아르볼

펴냄 글

사회는 왜 어려울까?

1. 역사·경제·지리·문화·정치 등 공부해야 할 범위가 넓다.
2. 책이나 교과서를 볼 땐 이해할 것 같다가도 돌아서면 헷갈린다.
3. 사회 교과를 공부하기 위해 꼭 알아야 할 단어가 너무 어렵다.
4. 사회 공부 책은 글만 빽빽이 많아서 지루하다.

사회 공부, 쉽게 하려면 **통합교과** 시리즈를 펼치자!

통합교과란?

- 서로 다른 교과를 주제나 활동 중심으로 엮은 새로운 개념의 교과
- 하나의 주제를 **개념·역사·경제·사회·과학·수학·인물** 등 다양한 교과 영역에서 접근해 정보 전달 효과를 높임
- 문·이과 통합 교육 과정에 안성맞춤

이런 학생들에게 통합교과 시리즈를 추천합니다!

사회 교과를 처음 배우는 초등학교 **3학년**

사회가 지겹고 어렵게 느껴지는 **4학년**

개념
개념을 알아야
주제가 보인다!
개념 완벽 정리

역사
동화·만화·인터뷰 등
재미있게 풀어낸
이야기를 읽다 보면
역사 지식이
머릿속에 쏙!

인물
한 분야를 대표하는
위대한 인물의
리더십과 창의력을
배운다!

통합교과 시리즈

예술
우리 사회 속
예술 작품을 통해
창의력을 기른다.

사회
정치·경제·지리 등
사회 과목을 세부적으로
파고들어 주제에 대한
이해를 높인다!

체험
글로만 배우는
사회는 그만! 체험을
통해 책에서 얻은
지식을 진짜 내 것으로
만들자!

차례

⊹⋯ 나도니

사건이 있는 곳은 어디든 달려가는 어린이 탐정. 세상을 시끌벅적하게 했던 다이아몬드 도난 사건을 해결해 용감한 어린이상을 받았다. 위조지폐 사기단이 나타났다는 소식을 듣고 당장 경찰서로 출동! 돈마니 형사와 한 팀이 되어 수사를 해 나간다.

⊹⋯ 나라니

나도니의 동생이자 조수. 나이 차이가 별로 나지 않는 나도니에게, 사건 수사가 시작되면 깍듯하게 높임말을 한다.

돈마니 형사 ⋯⫴

위조지폐 사기단의 사건 해결을 맡은 형사.
다이아몬드 도난 사건을 도니보다 먼저 해
결하지 못한 죄로 꼬마들과 한 팀이 되고 말
았다. 이번에는 반드시 자기 손으로 사건을
해결하리라 마음먹고 있다.

⫴⋯ 경찰 청장

어린이 탐정 나도니가 귀찮긴 하지만, 사건을
해결한 공을 무시할 수만도 없다. 위조지폐 사
기단 사건을 맡겠다고 찾아온 나도니를 돈마
니 형사에게 떠넘겨 버린다.

위조지폐 사기단 ⋯⫴

가짜 돈을 마구 찍어 내어 사회와 경제를
혼란스럽게 만드는 악당들. 하지만 치밀
하지 못하고 멍청하다.

1 조개껍데기부터 사이버 머니까지!

개념·역사 돈이란 무엇일까?

위조지폐 사기단이 나타났다!

14

돈은 언제 처음 생겨났을까? - 돈의 역사

돈은 일정한 가치를 가지고 사람과 사람 사이의 교환을 도와주는 수단이에요. 화폐(貨재물화幣화폐폐)라고 부르기도 하지요.

> ## 돈 = 화폐

돈의 역사를 정리하는 세 가지 키워드

① 자급자족

아주 옛날 사람들은 먹을거리나 생활에 필요한 물건들을 직접 구했어요. 나무 열매를 따 먹거나 농사를 짓고 동물을 사냥하였지요. 옷이나 무기, 그릇 등도 다 직접 만들어야 했어요. 이런 생활 방식을 '자급자족'(自스스로자 給줄급 自스스로자 足채우다족)이라고 해요.

② 물물 교환

자급자족을 하던 사람들은 차츰 자신의 물건과 다른 사람의 물건을 바꾸기 시작했어요. 이것을 '물물 교환'(物물건물 物물건물 交주고받다교 換바꾸다환)이라고 해요. 이 덕분에 사람들은 필요하거나 갖고 싶은 것

을 구하기가 쉬워졌어요. 그런데 시간이 흐르면서 물건과 물건을 맞바꾸는 게 점점 불편해졌어요. 사람마다 물건에 대해 생각하는 가치가 다르고, 필요한 것도 달라 물물 교환을 하기 어려웠거든요. 더 편리하게 물건을 바꿀 방법이 없을까 궁리하던 사람들은 물물 교환을 도와주는 물품, 돈을 만들기로 했어요.

③ 물품 화폐

맨 처음의 돈은 오늘날의 돈과 달랐어요. 살아가는 데 꼭 필요해서 가치가 높지만 쉽게 상하지 않는 소금·베·곡식 등을 돈으로 사용했지요. 시간이 흐른 뒤엔 가지고 다니기

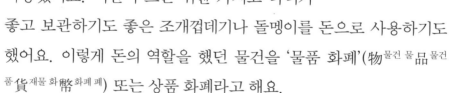

좋고 보관하기도 좋은 조개껍데기나 돌멩이를 돈으로 사용하기도 했어요. 이렇게 돈의 역할을 했던 물건을 '물품 화폐'(物물건물 品물건품 貨재물화 幣화폐폐) 또는 상품 화폐라고 해요.

돈을 영어로 머니라고 부르는 이유

영어에서는 돈을 'money(머니)'라 부르는데, 이는 로마 신화에 나오는 유노 여신에서 유래된 말이에요. 그리스 신화에서 최고 여신인 헤라에 해당하는 유노 여신은 '모네타(moneta)'라고도 불려요. 로마 사람들은 모네타 여신의 신전에 쇠붙이로 물건을 만드는 공장을 세우고, 돈을 만들었거든요. 그 뒤 모네타라는 말이 변해서 머니가 된 거지요.

금속 화폐 · 동전이 나타났다

물품 화폐가 생긴 뒤 사람들은 더욱 편리하게 물물 교환을 할 수 있었어요. 하지만 물품 화폐에는 큰 문제점이 있었지요. 소금은 비가 오면 녹고, 베나 곡식은 찢어지거나 썩는 등 쉽게 망가졌거든요. 조개껍데기나 돌멩이도 보관을 잘못하면 깨져 버렸고요.

사람들은 보관하기 좋고, 가지고 다니기 편한 화폐를 찾아 나섰어요. 그러다 금속으로 화폐를 만들기 시작했지요. 금속은 물에 녹지 않고 잘 부러지지 않으며, 썩지도 않았어요. 여러 금속 가운데 특히 금과 은이 많이 쓰였는데, 다른 금속보다 귀하고 쉽게 녹슬지 않아 높은 가치를 인정받았기 때문이에요.

금속 화폐를 처음 사용할 땐 매번 금속의 무게를 재고, 맞추어야 해서 고생이 이만저만이 아니었대요. 그래서 사람들은 금속을 녹여 일정한 크기와 무게의 동전으로 만들었어요. 드디어 오늘날의 화폐와 비슷한 모양의 돈, 주화(鑄쇠를 불릴 주 貨재물 화)가 생겨난 것이지요. 주화란 금속을 녹여 만든 돈을 뜻한답니다.

그렇다면 세계 최초의 동전은 언제 만들어졌을까요? 약 2,800년 전 오늘날 터키 땅에 있던 리디아 왕국에서 세계 최초의 동전이 만들어졌어요. 금과 은을 녹여 섞은 뒤, 둥글납작한 모양의 동전을 만들었지요.

지폐가 나타났다

문명이 발달하고, 상업이 발전함에 따라 물건을 사고파는 일이 점점 많아졌어요. 개인과 개인을 넘어서 나라와 나라끼리도 물건을 거래하기 시작했지요. 따라서 거래에 사용되는 동전도 많아졌어요. 멀리 다른 나라에 물건을 사러 가면 엄청나게 많은 동전을 가져가야 했지요.

그러다 보니 무게가 무거워 가지고 다니기가 어렵고, 도둑을 만나 모조리 빼앗기거나, 배가 뒤집어져 바닷속에 빠뜨리는 일도 생겼어요.

그러던 중 900년경 중국에서 동전보다 가볍고 가지고 다니기 편리한 종이돈, 즉 지폐를 만들었어요. 지폐에는 돈의 가치는 물론 나라에서 그 가치를 보장한다는 내용이 적혔지요. 나라는 지폐를 금과 은으로 바꿔 주는 역할을 했답니다. 그로부터 700여 년 뒤 유럽과 미국에도 이와 비슷한 지폐가 생겼어요.

오늘날과 거의 비슷한 은행권 지폐는 1661년 스웨덴의 스톡홀름 은행에서 처음으로 만들어졌답니다.

돈, 너의 정체를 밝혀라! – 돈의 역할

첫째, 돈은 물건의 가치를 비교하는 기준이다!

물건에는 각각의 값이 있어요. 돼지고기보다 쇠고기가 비싸다는 것은, 쇠고기가 더 높은 가치를 가지고 있다는 것을 뜻한답니다.

둘째, 돈은 물건 교환의 수단이다!

사과가 필요한 사람은 돈을 주고 사과를 사요. 과일 가게 주인은 사과를 팔아 번 돈으로 생활에 필요한 다른 물건을 사지요. 이렇게 돈은 사람과 사람이 물건을 교환하는 수단이 된답니다.

셋째, 가치를 저장할 수 있게 해 준다!

여기 용돈이다!

지금 당장 쓸 일이 없으니 저금통에 모아 두어야지.

돈은 꼭 지금 쓰지 않더라도 나중을 위해 저장해 둘 수 있어요. 변하거나 유행을 타는 것이 아니니까요. 돈을 가지고 있다가 필요할 때 언제든지 꺼내 쓰면 된답니다.

넷째, 돈은 다른 사람의 수고나 도움에 대해서 갚거나 보상할 때 쓸 수 있다!

짐을 들어다 주셔서 감사합니다.

편히 쉬십시오.

돈은 꼭 물건을 교환할 때만 쓸 수 있는 것은 아니에요. 눈에 보이지 않는 상품인 서비스에도 가격은 있고, 조건 없이 베푸는 도움에도 돈으로 감사의 표현을 할 수 있어요.

현금을 대신하는 새로운 돈들

돈을 떠올리면 보통 현금을 생각하지요? 우리에게 친숙한 동전이나 지폐 말이에요. 그런데 경제와 과학이 발전하면서 현금 말고도 다양한 종류의 돈이 만들어졌어요. 어떤 것들이 있는지 살펴볼까요?

신용 카드

외식을 하고 난 뒤 엄마 아빠가 신용 카드로 계산을 하는 모습을 본 적 있나요? 신용 카드는 물건을 사거나 서비스를 받고, 그 대가는 일정 기간 뒤에 낼 수 있게 해 둔 제도예요. 당장 현금이 없어도 물건을 살 수 있어 편리하지만, 정해진 날짜에 돈을 내지 못하면 큰 문제가 생길 수 있으니 주의해야 하지요.

돈 없이 물건을 산다고? – 신용 카드 결제의 비밀

신용 카드를 쓰려면 신용 카드 회사에서 신용 카드를 만들어야 해요. 이렇게 만든 신용 카드는 아무 데서나 다 쓸 수 있는 게 아니라, 신용 카드 회사와 계약을 맺은 상점에서만 쓸 수 있지요. 신용 카드로 물건을 구입하면, 신용 카드 회사는 가게에 대신 물건값을 내줘요. 그 뒤 개인이 신용 카드를 사용한 금액을 카드 회사에 지불하는 방식이지요. 다만 가게는 신용 카드 회사에 수수료를 내야 하고, 개인은 가입비 또는 이자*를 내야 한답니다.

★ **이자** 돈을 빌려 쓴 대가로 내는 돈

상품권

　백화점이나 레스토랑, 서점처럼 특정한 장소에서 물건이나 음식을 교환할 수 있는 표를 상품권이라고 해요. 문화 상품권·백화점 상품권·도서 상품권·외식 상품권 등이 있지요.

사이버 머니(e-money)

　사이버 머니란 사이버 공간에서 사용할 수 있는 돈이에요. 실제 화폐는 아니지만 같은 역할을 하지요. 온라인 쇼핑을 하거나 게임을 즐기는 등 인터넷 사이트에서 실제 화폐처럼 사용할 수 있어요.

　컴퓨터나 휴대 전화에 저장해 사용하기도 하고, 카드 형태로 쓰기도 해요.

조개껍데기부터 사이버머니까지!

돈의 역사

옛날 사람들은 필요한 모든 물건을 스스로 구해야 했어요. 하지만 모든 물건을 스스로 구하는 일은 힘들었기 때문에 물물 교환을 시작하였지요. 그러다 시간이 흘러 돈을 이용해 각 물건의 가치를 매기고 물건을 사고 팔게 되었답니다.

> 돈=화폐(貨幣)=머니(money)

돈의 여러 가지 역할들

> 돈은 물건의 가치를 비교하는 기준이다!

> 돈은 물건 교환의 수단이다!

> 돈은 가치를 저장할 수 있게 해 준다!

> 돈은 다른 사람의 수고나 도움에 대해서 갚거나 보상할 때 쓸 수 있다!

현금을 대신하는 새로운 돈들

돈의 모습은 사람들이 쓰기 편리한 모양으로 계속 변화해 왔어요. 경제와 과학이 발전하면서 동전이나 지폐 말고도 다양한 종류의 돈이 만들어졌지요.

• 신용 카드

물건을 사거나 서비스를 받고, 그 대가는 일정 기간 뒤에 낼 수 있게 해 둔 제도예요. 당장 현금이 없어도 물건을 살 수 있어 편리하지만, 정해진 날짜에 돈을 내지 못하면 문제가 생길 수 있어요.

• 상품권

백화점·레스토랑·서점 등 특정한 장소에서 물건이나 음식을 교환할 수 있는 것을 말해요. 문화 상품권·백화점 상품권·도서 상품권·외식 상품권 등이 있지요.

• 사이버 머니

사이버 공간에서 사용할 수 있는 돈이에요. 실제 화폐는 아니지만 돈과 같은 역할을 하지요. 온라인 쇼핑, 게임 등 인터넷 사이트에서 화폐처럼 사용할 수 있어요.

우리나라 돈의 역사

　옛날 고조선에서 '자모전'이라는 화폐를 만들어 썼다는 기록이 있고 신라에도 동전이 있었다고 전해지지만, 현재 실물로 남아 있는 우리나라 최초의 화폐는 고려 시대의 '건원중보'예요. 건원중보는 중국의 돈을 본떠 만든 동전이지요.

　건원중보 이후로도 이름만 다를 뿐 형태와 크기가 비슷한 많은 동전이 만들어졌지만, 거의 사용되지 않았어요. 백성들이 물품 화폐로 물물 교환하는 것에 불편함을 느끼지 못했기 때문이에요.

그 뒤 1600년대에 이르러 상공업이 발달하고 시장이 커지면서, 백성들은 돈의 편리함을 깨닫게 됐어요. '상평통보'는 1678년부터 약 200년 동안 사용된 동전이에요. 전국으로 퍼져 나가 널리 사용되었지요.

오늘날과 비슷한 근대 화폐가 사용된 건 1883년 조선 시대 고종 때예요. 고종은 경성 전환국을 설치하고 세 가지 종류의 화폐를 만들었지요.

그 뒤 1910년 일본에 나라를 빼앗긴 뒤에는 일본에서 만든 화폐를 사용했어요. 1945년 독립한 뒤 1950년 한국은행이 세워졌지요. 한국은행에서는 6·25 전쟁 중 '환' 단위의 돈을 발행하였어요. 이후 1962년 '원'으로 화폐 단위를 바꾸어 지금까지 사용하고 있지요.

지금 사용되고 있는 우리나라의 지폐들은 2006년부터 2009년까지 차례대로 새 옷을 갈아입었어요. 사용하기 편리하도록 크기가 작아졌고 디자인이 화려해졌지요.

색깔은 만 원권의 녹색은 그대로 유지되었고, 오천 원권과 천 원권은 각각 적황색, 청색으로 화려하게 바뀌었어요.

2009년부터는 오만 원권이 사용되기 시작했어요. 오만 원권은 경제가 발전하고 물가가 오르면서, 더 높은 금액의 현금이 필요해짐에 따라 만들어졌지요.

2 돈이 태어나서 죽을 때까지

사회 돈은 어떻게 만들어질까?

한국은행으로 출동!

한국은행, 우리나라 돈을 발행하는 곳

    한국은행은 우리나라의 중앙은행이에요. 중앙은행은 한 나라 금융의 중심이 되는 은행을 말하지요.

    한국은행은 1950년 6월에 세워졌어요. 우리나라의 중앙은행으로서 다양한 역할을 하고 있답니다.

한국은행에 용돈을 저축할래요!

한국은행에서는 개인의 예금을 받는 일은 하지 않아. 도니가 생각하는 일반 은행과 역할이 다르거든. 한국은행이 하는 일에 대해서 자세히 알아볼까?

한국은행이 하는 일

첫째, 물가를 안정시킨다.

한국은행은 설립 목적에 맞게 일 년에 한 번, 물가 안정 목표를 정해 국민들에게 알리고 이를 달성하기 위해 노력하고 있어요.

둘째, 화폐를 발행한다.

우리가 쓰는 지폐와 동전 즉 돈은 모두 한국은행에서만 만들 수 있어요. 한국은행이 매년 새로 만들 돈의 양을 결정하면, 한국 조폐 공사에서 돈을 찍어 내지요. 이렇게 만들어진 돈은 한국은행 금고에 보관되었다가 일반 은행으로 나가게 된답니다.

셋째, 금융 기관에 돈을 빌려 주거나 예금을 받는다.

금융 기관은 은행이나 증권 회사처럼 금융 업무를 하는 기관을 말해요. 금융 기관의 자금이 부족할 경우 한국은행이 돈을 빌려주지요.

한국은행은 정부의 은행으로서 나라의 수입과 지출을 관리하는 업무도 하고 있어요. 또한 금융 기관이 경영을 잘하는지 분석하고, 외국의 중앙은행들과도 협력해 세계 경제를 안정시키는 데 힘쓰고 있답니다.

돈의 탄생부터 폐기까지

    우리나라의 지폐를 보면 한국은행이라고 적혀 있는 것을 볼 수 있어요. 우리나라 지폐가 발행되는 곳이 한국은행이기 때문이죠. 하지만 돈이 실제로 만들어지는 곳은 한국은행이 아니라 한국 조폐 공사랍니다.

    그렇다면 돈은 어떻게 만들어지는 걸까요? 또 돈에도 수명이 있을까요?

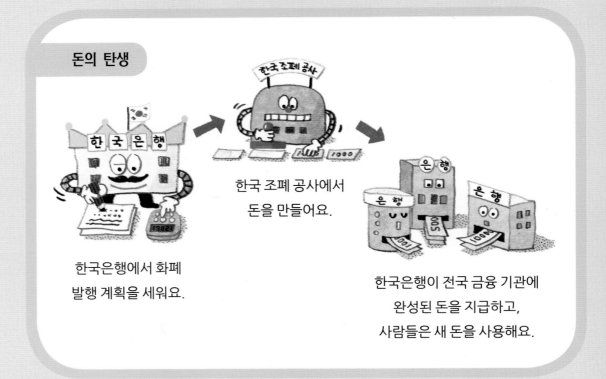

돈의 탄생

한국은행에서 화폐
발행 계획을 세워요.

한국 조폐 공사에서
돈을 만들어요.

한국은행이 전국 금융 기관에
완성된 돈을 지급하고,
사람들은 새 돈을 사용해요.

돈은 어떻게 만들어질까?

동전은 구리·니켈·알루미늄 등으로 만들어요. 무늬·크기·문자·규격 등을 디자인한 뒤, 동전을 찍어 낼 기계를 제작해요. 금속을 녹여 큰 판을 만든 뒤, 그 금속판으로 동전을 찍어 내지요.

지폐는 종이가 아닌 옷을 만드는 재료인 면 위에 특수 잉크로 인쇄해 만들어요. 지폐 디자이너가 위조할 수 없는 다양한 구성 요소를 넣어 디자인한 뒤, 돈을 찍어 내지요.

돈의 폐기

돈에도 수명이 있어요. 사람들의 손을 많이 거치면서 낡고 더러워지기 때문이에요. 또 불에 타거나 찢어져 못 쓰게 되는 경우도 있지요. 은행은 못 쓰게 된 돈들을 한국은행으로 되돌려 보내요. 한국은행은 해마다 평균 천억 원 이상을 들여 낡은 돈을 폐기*하지요.

★ **폐기** 못 쓰게 된 것을 버림

돈을 만드는 곳도, 폐기하는 곳도 모두 한국은행!

35

돈을 아끼는 것이 돈을 버는 일이라고?!

　매일 사람들의 손을 돌고 도는 돈. 이 돈이 없다면 우리는 편리하게 물건을 구입할 수도, 저축의 기쁨도 누릴 수 없을 거예요. 이 소중한 돈을 우리는 어떻게 사용하고 있을까요?

　한국은행에 따르면, 2023년에만 찢어지거나 더러워져서 폐기한 지폐가 4억 8천 385장이었다고 해요. 액수로 따지면 약 3조 8천 803억 원으로, 상상을 초월하는 금액이지요. 이 돈을 모두 잇는다면 서울과 부산을 약 76회 왔다 갔다 할 수 있는 거리랍니다. 쌓을 경우는 에베레스트산의 16배, 우리나라에서 가장 높은 건물인 롯데월드타워의 253배가 되지요.

　문제는 폐기되는 지폐의 양이 계속 늘어나고 있다는 거예요. 이것은 돈이 많이 사용되기 때문이기도 하지만 사람들이 지폐를 함부로 다루는 탓이 더 커요.

못 쓰게 된 지폐를 폐기하고 새 돈을 만드는 데만 1년에 900억 원 이상이 든다고 해요.

돈을 소중히 다룬다면 돈의 수명이 늘어나 돈을 새로 만드는 비용을 절약할 수 있어요. 돈을 아끼는 일이 결국 돈을 버는 일이 된다니 참 재미있지요?

참, 폐기된 돈은 어떻게 되느냐고요? 폐기된 돈은 건축물 바닥의 재료로 쓰이는 바닥재나 건물의 충격을 방지하기 위한 방진재와 같은 물건으로 재활용한답니다.

돈을 깨끗이 쓰기 위해서 우리들이 할 일

- 돈을 반드시 지갑에 넣어 다니자.
- 돈을 꼬깃꼬깃 접거나 구기지 말자.
- 돈에 메모를 하거나 낙서하지 말자.
- 물이나 오물 등이 묻은 손으로 돈을 주고받지 말자.

화폐의 위조를 막기 위한 여러 장치들

컴퓨터 기술이 발달하면서 화폐 위조 기술도 점점 정교해지고 있어요. 이렇게 돈을 위조하는 범죄는 전 세계적인 골칫거리예요. 우리나라의 한국은행도 돈의 위조를 막기 위해 다양한 장치들을 지폐에 적용하였어요.

우리나라의 지폐는 천 원권, 오천 원권, 만 원권, 오만 원권 네 가지예요. 위조 방지 장치는 공통으로 들어간 것도 있고, 각각 다르게 들어간 것도 있어요.

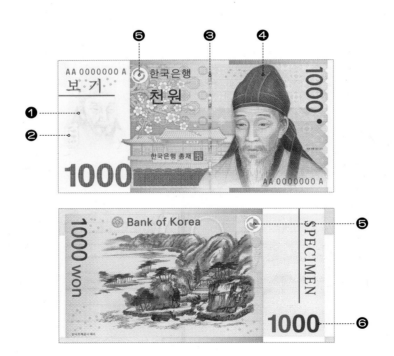

❶ 숨은 그림

지폐 앞면 왼쪽의 그림 없는 부분을 빛에 비추면 숨은 그림이 나타나요. 천 원권의 경우 퇴계 이황의 초상이 보이지요.

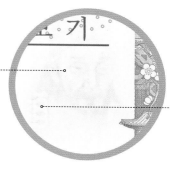

❷ 돌출 은화

숨은 그림 옆에 금액을 나타내는 숫자도 있어요. 천 원권을 빛에 비추면 '1000'을 확인할 수 있지요.

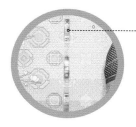

❸ 부분 노출 은선

부분 노출 은선에 홀로그램 처리를 하여 보는 각도에 따라 이미지가 변해요.

❹ 볼록 인쇄

볼록 인쇄를 해, 만지면 오돌토돌해요.

❺ 앞뒷면 맞춤

동그라미를 빛에 비추면 앞면과 뒷면의 무늬가 합쳐져 태극무늬가 보여요.

위조 방지 장치, 잘 기억해 둬야지!

❻ 색 변환 잉크

보는 각도에 따라 지폐 뒷면의 금액을 나타낸 숫자의 색깔이 변해요. 천 원권의 경우 초록색과 파란색으로 변한답니다.

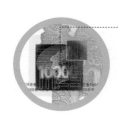

❼ 홀로그램

보는 각도에 따라 '우리나라 지도,
태극무늬, 금액 숫자, 4괘'가 번갈
아 나타나요.

❽ 미세 문자

확대경 등으로만 확인
가능한 작은 문자예요.
컬러 복사나 프린트로
위조할 경우 제대로 나
타나지 않고, 점이나 선
으로 표시돼요.

❾ 숨은 은선

빛에 비추면 숨어 있는 은색
선이 나타나요. 돈 안에 얇은
플라스틱 필름 띠를 넣어 놓았
기 때문이에요.

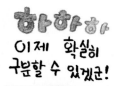

하하하
이제 확실히
구분할 수 있겠군!

⑩ 가로 확대형 기번호
오만 원권의 경우 기번호의 크기가 오른쪽으로
갈수록 커져요.

동전에도 위조 방지 장치가 있을까?

요즘에는 동전을 위조하는 일이 거의 일어나지 않아요. 그 이유는 동전이
구리·니켈 같은 비싼 재료로 만들어지기 때문에, 가짜 동전을 만드는 데 동
전의 가치보다 더 많은 돈이 들기 때문이에요.

하지만 지폐가 없고 동전만 쓰이던 옛날에는 위조가 많이 일어났어요. 조선
숙종 때는 가짜 동전을 만드는 것을 막기 위해 동전 속 글씨를 수시로 바꾸
었고, 돈을 만든 사람의 이름이나 번호를 새겨 넣기도 했대요.

서양의 경우 동전을 금이나 은으로 만들었기 때문에 동전의 가장자리를 긁
어 내 파는 사람들이 있었대요. 그래서 유명한 과학자 뉴턴은 동전 테두리
에 톱니바퀴 무늬를 새기는 방법을 제안했지요. 그 뒤로 동전을 긁어 내는
일은 사라졌다고 해요. 우리나라의 동전 백 원·오백 원에도 가장자리에 톱
니바퀴 무늬가 있답니다.

돈이 태어나서 죽을 때까지

한국은행은 우리나라의 중앙은행으로서, 돈을 발행하는 것 말고도 다양한 역할을 하고 있어요.

(돈을 발행) (물가 안정) (금융 기관 지원) (나랏돈 관리)

돈이 우리 손에 오기까지

한국은행에서 화폐 발행 계획을 세운다.

한국 조폐 공사에서 돈을 만든다.

각각의 은행으로 보내져 돈이 이용된다.

화폐의 위조를 막기 위한 여러 장치들

홀로그램　앞뒷면 맞춤　　볼록 인쇄　숨은 은선

숨은 그림

돌출 은화

미세 문자

지폐의 훼손을 막자

해마다 폐기되는 지폐의 양이 늘어나고 있어요. 돈을 만드는 데도, 폐기하는 데도 돈이 들지요. 돈을 소중히 다루면, 돈의 수명이 늘어나고, 결국 돈을 절약할 수 있어요.

돈을 깨끗이 쓰기 위해서 우리들이 할 일

– 돈을 반드시 지갑에 넣어 다니자.

– 돈을 꼬깃꼬깃 접거나 구기지 말자.

– 돈에 메모를 하거나 낙서하지 말자.

– 물이나 오물 등이 묻은 손으로 돈을 주고받지 말자.

사이버 머니도 위조할 수 있을까?

20XX년 X월 X일   아르볼 신문

손 큰 사이버 머니 도둑들!

자그마치 6,270경(경=1조의 1만 배) 원의 사이버 머니를 위조한 사건이 벌어졌다. 세 명으로 이루어진 이 위조단은 유명 인터넷 게임 회사를 해킹*해, 약 6,270경 원에 이르는 사이버 머니를 위조했다. 이들은 이 사이버 머니를 팔아 약 15억 원의 이익을 얻었다.

이들은 게임 회사의 홈페이지에 사이버 머니를 위조할 수 있는 프로그램을 몰래 심었다. 그 뒤 다른 사람의 개인 정보를 몰래 이용해 게임 아이디를 만들었고, 그 아이디에 사이버 머니를 충전했다.

이렇게 위조한 사이버 머니를 실제 사이버 머니보다 싼값에 팔아, 돈을 챙겼다.

★ **해킹** 다른 사람의 컴퓨터 시스템에 무단으로 침입하여 데이터와 프로그램을 없애거나 망치는 일

사이버 머니, 어떻게 위조할까?

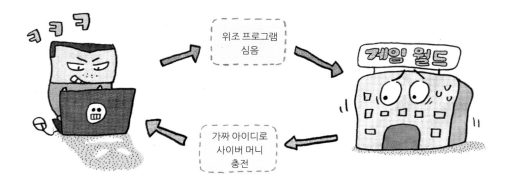

위조 프로그램 심음

가짜 아이디로 사이버 머니 충전

게임 월드

최근 모르는 사람의 컴퓨터나 스마트폰을 해킹하여 신용 카드를 복제한 뒤, 은행 계좌에서 돈을 빼 가는 범죄가 많이 일어나고 있어요. 컴퓨터 기술이 발달하면서 나타난 새로운 형태의 범죄지요.

그런데 이제는 위조 범죄의 범위가 사이버 머니로까지 확대되어 문제가 되고 있답니다. 사이버 머니는 실제 돈은 아니지만, 온라인상에서는 실제 돈과 같은 가치를 지니고, 진짜 돈으로 사고팔기도 하기 때문에 큰 범죄에 속한답니다.

그렇다면 사이버 머니는 어떤 방식으로 위조될까요?

우선 위조단은 게임 회사와 같이 사이버 머니를 만드는 회사의 사이버 공간을 해킹해요. 그런 다음 사이버 머니를 위조할 수 있는 프로그램을 심은 뒤 가짜 아이디로 사이버 머니를 충전하지요.

컴퓨터 기술이 발달할수록 사이버 머니 위조 범죄도 더 많이 나타날 거예요. 그에 대한 대책이 반드시 마련되어야겠지요?

3 인플레이션? 디플레이션? 통화량?

경제 돈의 가치와 관련된 경제 현상

모두가 부자인 나라로 떠나다!

탐정님! 무슨 생각을 그렇게 하세요?

적을 알고 나를 알면 백전백승! 범인들이 왜 위조지폐를 만들었을까 고민해 봤어!

역시 대단해요!

그랬더니 답은… 돈이 없어서 그랬다는 거야!

아하!

나 왔어! 왜 오라 가라야?

누구나 돈이 많으면 위조지폐를 만들지 않고, 범죄를 저지르지도 않을 텐데…. 세상에 모두가 돈을 많이 가진 나라가 있을까?

왜 없어? 있지!

당연히 없죠!

그런 나라가 있다고요?

있고말고. 전 세계의 모습을 볼 수 있는 〈3D 입체 뷰〉로 돈이 넘치는 나라에 가 볼까?

49

돈과 관련된 경제 용어들

- **가격** : 상품의 교환 가치를 돈으로 나타낸 것
- **가치** : 사물이 가지고 있는 쓸모나 중요한 정도를 나타낸 것
- **경제 성장** : 한 나라의 전체적인 생산 수준이나 국민 소득이 높아지는 것, 경제가 발전했다는 의미
- **공급** : 사람이 바라는 것을 충족시켜 주는 물건이나 서비스를 제공하는 일
- **과소비** : 돈이나 물건을 너무 지나치게 많이 써서 없애는 일
- **기업** : 돈을 벌기 위해 상품을 만들고 파는 회사
- **무역** : 물건, 돈, 기술 등 여러 가지 상품이 한 나라를 벗어나 다른 나라와 거래되는 것
- **물가** : 여러 가지 상품들의 평균적인 가격

나라마다 자연환경이나 기술이 다르기에 서로 무역을 통해 물건을 교환하는 거야!

- **생산** : 사람이 살아가는 데 필요한 물건이나 서비스를 만들어 내는 일
- **소득** : 일정 기간 동안 일한 대가로 얻은 수입
- **소비** : 필요한 물건을 구입하려고 돈을 지불하는 것
- **수요** : 물건이나 서비스를 사려는 욕구
- **수입** : 다른 나라에서 만들거나 재배한 물건을 우리나라에 사 오는 것

패스트푸드점에 가서 햄버거를 사 먹었다고? 그게 바로 소비야!

연필을 사려는 학생들이 팔려는 연필보다 많을 때, 연필에 대한 수요가 많다고 하지! 반대로 팔려는 연필이 사려는 학생들보다 많을 때 공급이 많다고 한단다!

- **수출** : 우리나라에서 만든 것을 다른 나라에 파는 일
- **유통** : 물건이 생산자에게서 소비자에게로 전달되는 과정

짐바브웨를 위기에 빠뜨린 인플레이션

짐바브웨는 한때 달걀 세 개의 값이 천억에 이르렀을 정도로 물가가 비쌌어요. 천억이라는 어마어마한 돈의 가치가 겨우 달걀 세 개를 살 정도밖에는 되지 않았던 것이지요. 짐바브웨에서 이렇게 돈의 가치가 떨어진 이유는 극심한 인플레이션 때문이에요.

짐바브웨에서 무슨 일이?

짐바브웨는 1965년 영국 식민지에서 벗어났어요. 그 뒤 1987년 로버트 무가베가 대통령으로 뽑혔지요. 무가베 대통령은 2017년까지 짐바브웨를 다스리며 독재*를 했어요.

처음에 무가베 대통령은 짐바브웨를 잘사는 나라로 만들기 위해 노력했어요. 여러 가지 제도를 마련하고, 더 많은 사람들이 교육받을 수 있게 했지요. 하지만 계속 대통령 자리에 있기 위해 나쁜 행동을 하고, 잘못된 경제 제도를 도입했지요. 그 결과 나라를 어지럽게 만들었다는 비난을 받게 되었어요.

짐바브웨에서 극심한 인플레이션이 일어난 이유는 무엇일까요? 바로 무가베 대통령이 화폐를 너무 많이 찍어 냈기 때문이에요.

⭐**독재** 특정한 개인, 단체, 계급 따위가 어떤 분야에서 모든 권력을 차지하여 모든 일을 혼자서 처리함

무가베 대통령은 2000년 토지를 개혁하면서 돈이 부족하자, 돈을 더 만들어 냈어요. 그 결과 나라에 돈이 너무 많아져 돈의 가치가 떨어지고 인플레이션이 발생한 것이에요.

인플레이션이란 사용되는 화폐의 양이 많아져 돈의 가치가 떨어지고 물가가 오르는 현상을 말해요. 돈이 많으면 좋은 것 아니냐고요? 그렇지 않아요. 돈이 많아지면 잠시 동안은 사람들의 소비가 늘어나요. 하지만 팔리는 물건의 개수가 사는 양 즉 소비량을 따라가지 못해, 결국 상품의 가격이 오르게 되지요. 그만큼 돈의 가치는 떨어지게 된답니다.

물가가 오르면 피해를 보는 것은 결국 소비자예요. 물가란 상품이 팔리는 평균적인 값을 뜻하는데, 물가가 오르는 만큼 버는 돈이 늘어나지 않으면 생활 수준이 떨어질 수밖에 없거든요.

　인플레이션(inflation)은 '키우다, 부풀리다.'라는 뜻의 영어 인플레이트(inflate)에서 유래한 말이에요. 옛날에 소를 팔러 가는 상인들은 소금으로 절인 마른 풀을 미리 소에게 잔뜩 먹이고 물을 많이 먹게 하여, 소가 실제보다 더 살쪄 보이게 했다고 해요. 소의 무게가 부풀려졌다는 의미에서 현재의 인플레이션이라는 단어가 유래된 것이지요.

　한번 오른 물가는 쉽게 떨어지지 않아요. 사람들은 물가가 더 오를 것이란 불안한 생각에 필요한 물건들을 미리 사 두기 시작하지요. 결국 물건은 점점 더 부족해지고, 또다시 물가가 오른답니다.

인플레이션의 반대, 디플레이션
디플레이션(deflation)은 인플레이션과는 반대로 사용되는 화폐의 양이 줄어 물가가 계속 떨어지고 경제 활동이 어려워지는 현상이에요.
화폐의 양이 줄어든 이유는 여러 가지예요. 정부에서 돈을 풀지 않거나, 세금을 너무 많이 걷었을 때, 경기가 어려워 사람들이 돈을 쓰지 않을 때 화폐가 부족해지지요.

인플레이션 현상이 일어나면
다음과 같은 문제들이 발생해요.

땅값도 집값도
다 올랐어!

치킨값이
두 배로 올랐어.

1 빈부 격차*가 심해져요. 심각한 빈부
격차는 사회를 불안하게 만들지요.

2 수출이 줄고, 수입이 늘어나요. 비싼
국산품보다 싼 외국 물건을 찾는 사람이 많
아지기 때문이에요. 물건을 팔지 못해 사정
이 어려워진 회사는 직원을 해고하거나 월
급을 올려 주지 않거나 신입 사원을 뽑지
않는답니다.

3 저축이 줄어 은행에 돈이 부족해져
요. 그렇게 되면 은행은 사람들에게 돈을
빌려줄 수 없어요.

은행에서 돈을
못 빌렸어.

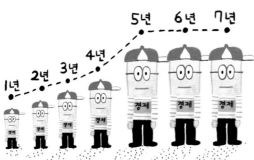

4 경제 성장이 멈춰요.

★ **빈부 격차** 가난한 사람과 잘사는 사람의 차이 나는 정도

통화량을 잡아야 잘사는 나라가 된다?!

인플레이션이나 디플레이션과 같은 현상이 일어나 물가가 오르거나 내리면, 사람들의 생활이 안정되지 못해요. 그래서 나라의 중앙은행인 한국은행에서는 통화량을 조절하여 물가를 안정시키고 있어요.

> **통화량이란? 시중에 돌아다니는 돈의 양**
>
> 통화량이 늘면? 돈의 가치가 떨어지므로 물가가 올라간다.
> 통화량이 줄면? 돈의 가치가 올라가므로 물가가 내려간다.

한국은행이 통화량을 조절하는 방법은 크게 세 가지예요.

첫째, 콜 금리를 올린다.

금융 기관끼리 30일 이내의 짧은 기간 동안 돈을 빌려 주고 받는 것을 '콜'이라 해요. 콜에 대한 이자를 '콜 금리'라 하는데, 한국은행은 콜 금리를 이용해 통화량을 조절하지요. 즉, 통화량이 너무 많으면 한국은행은 콜 금리를 높여 시중의 돈을 거두어들이고 반대로 통화량이 적으면 콜 금리를 낮춰 돈을 풀어요.

둘째, 채권을 사고판다.

  정부나 공공 단체, 기업 등은 큰돈을 마련하기 위하여 사람들에게 얼마간의 이자를 주고 돈을 빌리곤 해요. 이때 사람들에게 돈을 빌렸다는 증서를 주는데, 이를 채권이라고 한답니다. 한국은행은 통화량을 늘릴 때는 금융 기관의 채권을 돈을 주고 사들이고 통화량을 줄일 때는 채권을 팔아요. 채권을 사면 시중에 돈이 풀리게 되고, 채권을 팔면 그만큼 돈이 다시 은행으로 들어와 통화량이 조절되는 것이지요.

셋째, 지급 준비금을 늘린다.

  지급 준비금이란 은행이 가진 예금의 일부를 한국은행에 의무적으로 맡기게 한 것이에요. 지급 준비금을 늘리면 은행이 대출해 줄 돈이 줄어 통화량이 줄게 돼요.

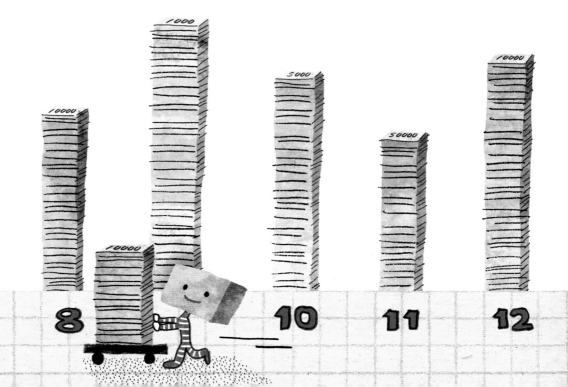

물가에 대한 모든 것

물가란?

물가는 '물건의 가격'이라는 뜻이에요. 하지만 일반적으로 '물가'라는 말에는 '여러 가지 상품들의 평균적인 가격'이라는 의미가 담겨 있지요. '물가가 올랐다.'라고 말하는 것은 '물건들의 가격이 전체적으로 올랐다.'라는 의미예요. 반대로 '물가가 내렸다.'라고 말하는 것은 '물건들의 가격이 전체적으로 내렸다.'는 의미지요.

물가는 왜 오르락내리락하나?

물가가 오르고 내리는 이유는 여러 가지예요. 우선 팔 물건보다 사려는 사람이 많으면 물가가 올라요. 반대로 사려는 사람보다 팔 물건이 많으면 물가가 떨어지지요. 또 환율이 오르거나 외국에서 사 오는 재료의 값이 오를 때 물가가 올라요. 가뭄이나 홍수 등으로 농수산물의 수확량이 줄었을 때도 물가가 오르지요.

물가가 안정되어야 하는 이유

물가가 오르내리는 차이가 너무 크면 사람들은 계획적인 소비를 할 수 없어요. 예를 들어 돼지고기의 물가가 하루 만에 20%가 올랐다고 해 볼까요? 오늘 시장에 간 사람들은 어제까지의 돼지고기값을 떠올리며 돼지고기를 사지 않거나, 값이 오른 돼지고기를 사는 바람에 다른 물건을 사지 못하게 될 거예요. 이런 일들이 반복되면, 사람들의 생활이 불안정해질 수밖에 없지요.

물가 지수

물가 지수란 물가의 오르내림을 숫자로 알기 쉽게 나타낸 것이에요. 기준되는 해의 물가를 100으로 하여 변한 정도를 표시해요. 가장 널리 쓰이는 '소비자 물가 지수'는 매해 통계청에서 발표하지요.

소비자 물가 지수는 대표적인 소비 품목 458개(2020년 기준)를 골라 가격의 변화를 나타낸 것으로, 서울·부산 등 전국 37개 도시의 물가 수준을 보여 주는 역할을 해요.

대표 소비 품목은 5년마다 한 번씩 바뀌어요. 2020년 소비자 물가 지수에는 망고, 체리, 아보카도 같은 수입 과일과 식기세척기, 의료 건조기, 유산균, 선글라스, 마스크 등이 추가됐어요. 소비자 물가 지수 조사 품목을 보면 우리나라의 생활 모습이 어떻게 바뀌었는지 알 수 있답니다.

인플레이션? 디플레이션? 통화량?

인플레이션이란?

시중에 유통되는 화폐의 양이 많아지는 현상

– 소비가 늘어 상품의 가격이 오르면, 돈의 가치는 떨어진다.

인플레이션 현상이 일어나면

빈부 격차가 심해진다.	수출이 줄고 수입이 늘어난다.
저축이 줄어 은행에 돈이 부족해진다.	경제 성장이 멈춘다.

디플레이션이란?

시중에 유통되는 화폐의 양이 줄어드는 현상

– 소비가 줄어 상품의 가격이 떨어지면, 경제가 어려워진다.

통화량이란?

시중에 돌아다니는 돈의 양

ー 통화량이 늘면 물가가 올라가고 통화량이 줄면 물가가 내려간다.

ー 한국은행은 통화량을 조절하여 물가를 안정시킨다.

한국은행이 통화량을 조절하는 방법

첫째,
콜 금리를
올린다.

둘째,
채권을
사고판다.

셋째,
지급 준비금을
늘린다.

물가란?

여러 가지 상품들의 평균적인 가격

> 물가가 올랐다 = 물건들의 가격이 전체적으로 올랐다
>
> 물가가 내렸다 = 물건들의 가격이 전체적으로 내렸다

물가 지수란?

물가의 오르내림을 숫자로 알기 쉽게 나타낸 것

나라마다 다른 화폐, 어떻게 교환할까?

오늘날에는 나라와 나라 사이의 경제 활동이 활발하게 이루어지고 있어요.

그런데 세계의 여러 나라들은 대부분 자기들만의 화폐를 사용해요. 또 나라마다 돈의 가치가 다르지요.

이렇듯 서로 다른 화폐들은 어떤 기준으로 가치를 정해 교환할까요? 비밀은 바로 '환율'이에요. 환율은 화폐의 종류가 다양한 만큼 종류별로 각각 다르게 적용돼요.

> 환율 = 서로 다른 국가의 돈을 교환하는 비율

일반적으로는 가장 많이 사용하는 미국의 달러를 기준으로 말하지요. 예를 들어서, 환율이 1,100원이라면 우리나라 돈 1,100원과 1달러를 바꿀 수 있다는 뜻이에요.

똑같은 햄버거인데 값이 다르다고?

– 빅맥 지수로 알아보는 물가 비교

영국의 경제 전문지 〈이코노미스트〉는 매해, '빅맥 지수'를 발표해요. 빅맥 지수란 120여 개 나라에서 팔리는 햄버거 빅맥의 값을 달러로 바꾸어 비교한 것이에요.

빅맥은 전 세계적으로 크기와 맛이 같아요. 그래서 각 나라의 빅맥 가격을 조사하면, 여러 나라의 물가를 비교할 수 있답니다.

2024년 1월 기준, 빅맥 지수가 가장 높은 나라는 스위스예요. 스위스에서는 빅맥이 8.17달러(약 10,800원)에 판매되고 있지요. 우리나라는 4.11달러(약 5,400원)로 아시아에서 여섯 번째로 높답니다.

햄버거의 가격으로 서로 다른 나라 돈의 가치를 비교해 볼 수 있다니 참 재미있지요?

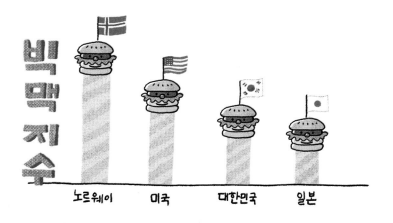

여러 나라들이 공통으로 사용하는 돈, 있다 없다?

– 유로에 대한 모든 것

세계의 여러 나라들은 대부분 자기 나라만의 공식 화폐가 있어요. 우리나라의 원, 일본의 엔, 미국의 달러 등이 그것이지요. 그런데 말이에요, 유럽 대륙의 많은 나라들은 똑같은 돈을 사용하고 있대요. 그 돈의 정체는 바로 '유로(Euro)'지요.

유로에 대해 자세히 알기 위해서는 먼저 '유럽 연합(EU : European Union)'에 대해 알아야 해요. 유럽 연합은 유럽의 정치, 경제의 통합을 위해 만들어졌어요. 1993년에 유럽의 12개 나라가 처음 만든 뒤, 2024년에는 27개 나라가 함께하고 있지요.

유럽 연합에 가입한 국가들은 2002년부터 유로라는 돈을 본격적으로 사용하기 시작했어요.

유로는 6종의 지폐와 8종의 동전으로 구성되어 있으며, 각 나라에서 자율적으로 만들고 발행하지요. 단위는 €로 표시한답니다.

왜 굳이 공통의 돈을 만들어 사용하는지 궁금하다고요? 유럽 연합이 만들어진 뒤, 유럽에서는 자유로운 무역이 이루어졌어요. 자본·기술·노동력 등을 자유롭게 이동할 수 있고, 무역할 때 세금을 내지 않거나 깎아 주었지요.

그런데 서로 다른 화폐를 사용하는 것 때문에 불편한 점이 생겼어요. 거래를 할 때마다 각 나라의 돈으로 바꿔야 하고, 계산하려니 여간 복잡한 게 아니었지요. 그래서 유로라는 공통의 돈을 만들게 된 것이랍니다.

하지만 유럽의 모든 나라가 유럽 연합에 가입하고, 유로를 사용하는 것은 아니에요. 덴마크, 스웨덴 등은 유럽 연합에는 가입했지만 자기 나라의 경제적 이익을 위해 유로를 사용하지 않아요. 스위스, 노르웨이의 경우에는 유럽 연합에 가입하지 않았고, 유로도 사용하지 않지요. 그런가 하면 영국은 2020년 1월 31일에 유럽 연합을 탈퇴했지요.

유로는 2024년 기준으로 라트비아, 리투아니아를 포함해 총 20개 국에서 사용되고 있어요.

유로를 사용하는 국가는 어디?

그리스, 네덜란드, 독일, 라트비아, 룩셈부르크, 몰타, 벨기에, 슬로바키아, 슬로베니아, 아일랜드, 에스토니아, 에스파냐, 오스트리아, 이탈리아, 키프로스, 포르투갈, 프랑스, 핀란드, 리투아니아, 크로아티아

4 돈 속에
예술이 숨어 있다!

예술 돈에 디자인된 예술 작품들

화페 속 숨은 비밀을 찾아라!

오만 원권에 담긴 신사임당과 예술

우리나라의 지폐에는 위대한 업적을 남긴 위인들과 아름답고 소중한 우리 문화유산의 모습이 담겨 있어요.

그중 오만 원권은 2009년 새로 만들어진 지폐예요. 우리나라 최초의 여성 화폐 모델이 된 것이죠. 남녀 차별이 심했던 조선 시대에 여성이라는 한계 속에서 예술적 재능을 펼쳤다는 것, 율곡 이이를 길러 낸 훌륭한 어머니이자 어진 아내의 역할을 다한 현모양처라는 것이 신사임당이 모델로 선정된 이유였지요.

그런데 지폐에 왜 초상화를 그려 넣는지 궁금하다고요? 그건 화폐의 위조를 막기 위해서예요. 예로부터 초상화는 손으로 베끼기가 무척 어려워 화폐 디자인에 많이 쓰였지요.

신사임당은 누구?
신사임당은 율곡 이이의 어머니예요. 현모양처로 이름이 널리 알려져 있는데, 시·그림·자수 등 예술적 재능이 뛰어났던 것으로도 유명하지요. 조선 시대는 남녀 차별이 심해 여성이 예술 활동을 하기가 힘든 시대였어요. 하지만 신사임당은 딸에게도 똑같은 교육을 시킨 아버지와 아내를 적극적으로 지원해 준 남편 이원수, 아들 이이 등의 도움으로 예술가의 길을 걸을 수 있었답니다.

신사임당
(1504~1551)
· 문인·서화가

초충도수병
보물 제595호로 지정
된 8폭짜리 병풍, 〈초
충도수병〉의 일곱 번
째 작품이에요. 비단에
색실로 곤충과 가지 등
이 수놓아져 있지요.

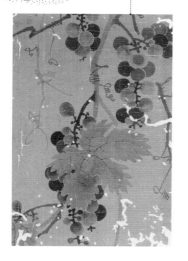

묵포도도
신사임당은 포도, 풀, 벌레 등
을 잘 그렸어요. 그중 〈묵포도
도〉는 풍요로움을 상징하는
포도를 먹으로 실감 나게 그
려 낸 작품이에요.

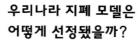

**우리나라 지폐 모델은
어떻게 선정됐을까?**
정치, 경제, 사회, 문화 등 각 분야별로
나라와 민족을 대표하는 위인을 화폐의
모델로 선정했어요. 하지만 조선 시대 인
물들로만 채워져 있다는 점, 대부분 남성
이라는 점은 지적받고 있답니다.

만 원권에 담긴 세종 대왕과 과학 유산

　푸른색 만 원권 지폐의 앞면에는 세종 대왕의 모습이 담겨 있어요. 그뿐만이 아니라 용비어천가, 혼천의 등 과학 문화유산들이 새겨져 있지요.

세종 대왕
(1397~1450)
조선 제4대 왕
(재위 1418~1450)

용비어천가
용비어천가는 조선 시대 세종 때 만들어진 시와 노래예요. 조선을 세우는 데 힘쓴 조상의 업적을 기리는 내용을 담고 있지요.

불휘 기픈 남ᄀᆞᆫ ᄇᆞᄅᆞ매 아니 뮐씨, 곶 됴코 여름 하ᄂᆞ니
뿌리 깊은 나무는 바람에 흔들리지 않고, 꽃이 좋고 열매가 많이 열리나니,

ᄉᆡ미 기픈 므른 ᄀᆞ마래 아니 그츨씨, 내히 이러 바ᄅᆞ래 가ᄂᆞ니
샘이 깊은 물은 가뭄에 마르지 않고 냇물을 이루어 바다로 흘러가나니,

－ 용비어천가 2장 중 일부

보현산 천문대 망원경

보현산 천문대 망원경은 비교적 최근인 1996년에 만들어진 현대의 과학을 상징하는 발명품이에요.

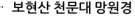

혼천의

혼천의는 세종 대왕이 장영실, 이천 등의 과학자에게 명을 내려 만들게 한 천체 관측 기구예요. 혼천의의 발명으로 어느 정도 날씨를 예측할 수 있게 되었고, 농사를 짓는 데 큰 도움이 되었지요.

천상열차분야지도

태조 4년인 1395년에 제작된 천상열차분야지도예요. 천상열차분야지도는 조선이 하늘의 뜻에 의해 세워진 나라라는 것을 백성들에게 알리기 위해 만들었다고 해요.

세종 대왕은 누구?

세종 대왕은 조선의 네 번째 왕으로 훈민정음을 만들었고, 달력과 측우기를 제작하게 했으며, 골고루 인재를 등용하여 나라의 발전에 힘썼어요. 그뿐만이 아니라 역사, 지리, 경제, 음악, 종교 등을 발전시킨 훌륭한 왕이었어요.

오천 원권에 담긴 율곡 이이의 삶

오천 원권에는 율곡 이이의 모습이 그려져 있어요. 오천 원권의 얼굴인 율곡 이이의 생애와 그와 관련된 여러 문화유산들을 살펴볼까요?

율곡 이이
(1536~1584)
· 학자·정치가

검은색 대나무 '오죽'

오죽헌은 율곡 이이가 태어난 집이에요. 오늘날 강원도 강릉에 위치하고 있지요. 이곳에는 검은색 대나무인 오죽이 많이 자라요. 오죽헌이라는 이름도 집 주변에 오죽이 많아서 지어졌다고 해요. 오죽헌은 보물 제165호로 지정되어 있어요.

오죽헌 몽룡실

율곡 이이가 태어난 건물이에요. 어머니인 신사임당이 검은 용이 방으로 날아와 마루에 서려 있는 꿈을 꾼 뒤 율곡 이이를 낳았기 때문에 몽룡실(夢꿈몽 龍용룡 室집실)로 이름 붙여졌지요.

뒷면에는 율곡 이이의 어머니인 신사임당이 그린 초충도가 그려져 있어요. 신사임당과 율곡 이이는 전 세계 최초의 모자(어머니와 아들) 화폐 모델이랍니다.

초충도는 원래 8폭의 병풍에 그려진 8개의 그림인데, 여기 그려진 것은 〈수박과 여치〉, 〈맨드라미와 개구리〉 2개예요.

〈수박과 여치〉

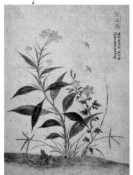

〈맨드라미와 개구리〉

율곡 이이는 누구?

율곡 이이는 신사임당의 아들로 아홉 번 장원 급제를 한 조선 시대의 천재 유학자예요. 사회·정치적으로 매우 어지럽던 1500년대 세금 걷는 법을 고쳐 백성들의 고통을 덜어 주자고 주장했지요.

그뿐만이 아니라 성리학*을 조선에 뿌리내리게 했고, 수기치인*의 정신으로 스스로 배우고 제자를 가르치는 일을 게을리하지 않았답니다.

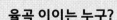

⭐ **성리학** 중국 송·명나라 때 학자들에 의하여 만들어진 학문

⭐ **수기치인** 덕과 학식이 높은 사람이 먼저 자기 몸을 닦은 후 세상을 다스리는 일

천 원권에 담긴 퇴계 이황과 문화유산

천 원권의 얼굴은 퇴계 이황이에요. 퇴계 이황의 업적과 그와 관련된 문화유산을 알아볼까요?

퇴계 이황
(1501~1570)
· 학자·교육자·화가

매화
매화는 퇴계 이황이 가장 좋아했던 꽃이에요. 언 땅 위에 맨 먼저 피어나 봄을 알리는 매화는 선비의 곧은 정신을 상징해요.

명륜당
과거에 합격한 유생들이 공부하던 성균관의 건물이에요. 퇴계 이황은 이 명륜당에서 많은 가르침을 주었어요. 명륜당은 보물 제141호로 지정되어 있어요.

계상정거도

천 원권의 뒷면에 겸재 정선의 계상 정거도(溪시내계 上위상 靜고요할정 居살거 圖그림도)가 그려져 있어요. 계상정거도는 도산 서원*과 그 주변의 풍경을 담은 그림이에요. 도산 서원은 퇴계 이황이 세상을 떠난 후 제자들이 그를 기리기 위해 안동에 세운 서원이지요.

사군자란?

사군자는 매화, 난초, 국화, 대나무 이렇게 네 가지 식물이에요. 군자란 행실이 점잖고 어질며 덕과 학식이 높은 사람을 일컫는 말이지요. 이 네 가지 식물은 덕과 학문 실력을 갖춘 군자에 비유되어 조선 시대에 널리 사랑받았어요.

퇴계 이황은 누구?

퇴계 이황(1501~1570)은 조선의 성리학자이자 교육자였어요. 대표적인 청백리*로서 평생을 검소하게 살았다고 전해져요. 우리나라 최초의 서원인 소수 서원에서 수많은 제자들을 키워 냈어요.

⭐ **서원** 선비가 모여서 학문을 익히고, 제자들을 가르치던 곳
⭐ **청백리** 마음이 맑고 깨끗하여 재물에 욕심이 없는 벼슬아치

돈 속에 예술이 숨어 있다!

오만 원권 속에 숨은 예술

- **오만 원권에 그려진 인물** : 신사임당
- 율곡 이이의 어머니, 현모양처로 널리 알려져 있는데 시·그림 등 예술적 재능이 뛰어난 사람이었어요.

- **묵포도도** : 신사임당이 그린 그림으로 풍요로움을 상징하는 포도를 먹으로 그려 냈어요.
- **초충도수병** : 여러 색실로 수놓은 병풍이에요.

만 원권 속에 숨은 예술

- **만 원권에 그려진 인물** : 세종 대왕
- 조선의 네 번째 왕으로 훈민정음을 만들었고, 달력·측우기 등을 발명하게 했으며, 다양한 학문의 발전을 이끌었어요.

- **혼천의** : 세종 대왕의 명으로 만든 천체 관측 기구예요. 혼천의 덕분에 날씨를 예측할 수 있게 되어 농사짓는 데 큰 도움이 되었어요.

오천 원권 속에 숨은 예술

- **오천 원권에 그려진 인물** : 율곡 이이
- 오만 원권에 그려진 신사임당의 아들이자 조선 최고의 학자예요. 백성을 생각하는 마음이 컸으며, 성리학을 조선에 뿌리내리게 했지요.

- **맨드라미와 개구리·수박과 여치** : 율곡 이이의 어머니 신사임당이 그린 그림이에요.

천 원권 속에 숨은 예술

- **천 원권에 그려진 인물** : 퇴계 이황
- 조선의 성리학자이자 교육자, 화가였어요. 평생을 검소하게 살았으며, 수많은 제자를 길러 냈지요.

- **계상정거도** : 계상정거도는 도산 서원과 그 주변의 풍경을 담은 그림이에요. 도산 서원은 퇴계 이황이 세상을 떠난 뒤 그를 기리기 위해 세운 서원이지요.

세계의 지폐 속으로

전 세계에는 나라의 수만큼 다양한 화폐들이 존재해요. 화폐 디자인을 보면, 그 나라의 고유한 문화와 예술성을 느낄 수 있어요. 여러 나라의 화폐들을 감상해 볼까요?

화폐 속 인물을 찾아라!

우리나라 화폐에 위인들이 그려져 있는 것처럼, 각 나라의 화폐에는 그 나라를 대표하는 사람들이 등장하는 경우가 많아요. 인물의 업적이 나라의 품격과 화폐의 신뢰성을 높일 뿐만 아니라, 돈을 사용하는 국민들의 자부심도 높여 주기 때문이에요.

스웨덴

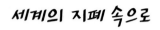

스웨덴에서 사용하는 20크로나 지폐에는 소설가 셀마 라겔뢰프가 그려져 있어요. 셀마 라겔뢰프는 스웨덴의 자연과 전설을 담은 『닐스의 모험』을 펴냈지요. 이 책으로 세계 최초의 여성 노벨 문학상 수상자가 되었어요. 셀마 라겔뢰프가 그려진 지폐의 뒷면에는 『닐스의 모험』의 한 장면이 그려져 있답니다.

미국

미국의 지폐에 그려진 사람들은 대부분 대통령이거나 정치인이에요. 그 가운데 100달러에는 정치인이자 과학자이기도 한 벤저민 프랭클린이 그려져 있지요.

프랭클린은 미국의 독립 전쟁에서 큰 공을 세웠어요. 프랑스로부터 경제적·군사적 도움을 이끌어 냈으며, 독립 선언서를 만드는 데도 참여했지요. 과학자로서도 재능을 발휘한 그는 피뢰침을 발명해, 벼락으로 인한 피해를 줄이는 데 큰 도움을 주었어요.

인도

마하트마 간디는 인도를 상징하는 인물이에요. 간디는 영국의 식민지였던 인도를 독립시키기 위해 평생을 바쳤지요. 특히 비폭력 투쟁을 벌인 것으로 유명해요.

그래서인지 인도에서 사용되는 모든 지폐 앞면에는 간디의 얼굴이 들어가 있어요. 뒷면의 그림은 각각 다른데, 이 그림들은 인도가 영국으로부터 독립하는 과정을 담고 있답니다.

칭기즈 칸

담디니 수흐바토르

몽골

칭기즈 칸은 몽골 제국의 제1대 왕이에요. 여러 부족으로 나눠져 있던 몽골 족을 하나로 모아 전 세계 역사상 가장 넓은 제국인 몽골 제국을 건설했지요.

몽골의 지폐 앞면에는 딱 두 명의 얼굴만이 그려져 있어요. 그 가운데 한 명이 바로 칭기즈 칸이지요. 또 한 명은 누구냐고요? 50~200투그릭에는 몽골 독립의 영웅인 담디니 수흐바토르가 그려져 있답니다.

화폐 속 동식물을 찾아라!

화폐에 동물이나 식물을 그려 넣은 나라도 있어요. 이런 화폐들은 독특한 생김새로 호기심을 갖게 하는 것은 물론, 그 나라에 많이 살고 있는 동식물을 알릴 수 있어 좋답니다.

브라질

브라질의 화폐는 '헤알'이라 불러요. 지폐의 앞면은 브라질을 상징하는 여성의 초상화가 그려져 있는데, 이 여성은 가상의 인물이랍니다.

지폐 뒷면에는 브라질에 많이 사는 벌새, 바다거북, 왜가리, 앵무새, 표범 등 다양한 생물이 그려져 있어요.

남아프리카 공화국

남아프리카 공화국의 지폐 앞면에는 나라를 대표하는 지도자 넬슨 만델라가 그려져 있어요. 뒷면에는 코뿔소, 코끼리, 사자, 표범 등이 그려져 있지요.

뉴질랜드

뉴질랜드도 앞면에는 나라를 대표하는 사람을, 뒷면에는 동물로 디자인했어요. 키위, 오리, 매, 까마귀 등 뉴질랜드에 살고 있는 동물을 화폐에 그려 넣었어요.

이 돈은 스위스의 지폐예요. 대부분의 지폐가 가로인 것과 달리 세로로 디자인된 것이 특징이지요. 게다가 무척 화려하고 아름다워서 세계에서 가장 아름다운 지폐로 손꼽힌다고 해요.

5 돈 잘 쓰고 잘 모으는 법

체험 은행과 가까워지기·용돈 관리법

위조지폐 사기단, 드디어 잡았다!

88

꼬마 탐정 나도니!
또 다시 사건을 해결하다.

위조지폐 사기단 꼼짝 마!
어린이 탐정이 나가신다!

용감한 어린이상 시상식

나도니는 이번 위조지폐 사기단 사건을 해결하는 데 큰 공을 세웠으며….

어라? 그런데 이번에도 포상금은 없는 건가요?

포상금이라니? 에헴.

이번엔 포상금이 있을 줄 알았는데, 망했어! 무선 자동차 사고 싶었는데….

난 인형의 집. 힝~.

할 수 없지. 스스로 돈을 버는 방법을 찾아보는 거야.

오빠, 우린 아직 어린데 어떻게 돈을 벌어?

찾아보면 있겠지. 근데 너 사건 끝났다고 바로 반말이냐?

ㅋㅋㅋ

어린이 주말 금융 교실

주말 금융 교실? 그래, 바로 여기야! 여기 가면 돈 버는 방법을 알려 주지 않을까?

아, 억울해. 왜 나는 아무도 알아주지 않는 거냐고!

꼬마들이 먼저 범인과 맞섰다면서? 뒤늦게 나타나면 뭐하냐고!

나도 부자가 될 수 있다! 어린이가 돈 모으는 방법

어른들은 회사에 다니거나 상점을 운영하는 방법 등으로 돈을 벌지만 어린이는 일을 해 돈을 벌 수 없어요. 15세가 되지 않은 사람은 일을 해 돈을 벌 수 없도록 법으로 정해 놓았거든요. 하지만 집에서 받는 용돈을 잘 활용하거나 벼룩시장 등에 참가한다면 충분히 큰돈을 모을 수 있답니다.

돈을 모으기 전에 먼저 생각해야 할 것!

돈을 모으기 전 먼저 할 일이 있어요. 무엇을 위해 돈을 모으는지 확실한 목표를 세우는 일이에요. '책가방 사기, 부모님 생신 선물 사 드리기' 등 목표를 확실히 세우면 돈을 모으는 일이 더 즐거워질 거예요. 참! 일주일에 한 번은 목표가 잘 실행되고 있는지 점검하는 것도 잊지 마세요.

용돈 아껴 쓰기

용돈은 스스로 계획하여 사용할 수 있는 돈이에요. 용돈을 잘 관리하는 것만으로도 적지 않은 돈을 모을 수 있답니다.

예산 세우기
용돈을 쓰기 전, 어디에 어떻게 사용할지 미리 예산*을 짜 보세요. 용돈을 계획적으로 사용할 수 있답니다.

돈 아껴 쓰기
충동구매를 하지 않으면, 돈을 낭비하지 않을 수 있어요. 쇼핑하기 전 사야 할 물건을 미리 적어 가거나, 물건을 사기 전 꼭 필요한 것인지 세 번 생각해 보는 습관을 들이면 좋아요.

저축하기
티끌 모아 태산! 저축은 쓰고 남은 돈으로 하는 거란 생각을 가지고 있었다면, 이제 그 생각은 버리세요. 용돈을 받자마자 일정한 금액의 돈을 은행이나 저금통에 저축해 보세요. 저축을 하면 뭐가 좋으냐고요?
갑자기 급한 돈이 필요할 때 저축으로 모은 돈을 요긴하게 사용할 수 있어요. 또 은행에 돈을 맡기면 은행에서는 그것을 돈이 필요한 개인이나 기업에 빌려 주어 나라 경제에도 큰 도움이 되지요.

⭐ **예산** 어떤 일을 하는 데 필요한 비용을 미리 셈하여 정하는 것

용돈 벌기

　스스로 용돈을 번다면 일하는 즐거움을 느낄 수 있을 뿐만 아니라, 돈의 가치를 깨닫고 경제 개념을 익히는 데 도움이 돼요.

　어린이들은 일을 할 수 없는데 어떻게 하느냐고요?

집안일 하고 용돈 벌자!

　부모님과 의논해, 집안일을 할 때마다 일정한 금액의 용돈을 받으면 어떨까요?

- 방 청소하기
- 분리수거 하기
- 빨래 개기
- 먼지 닦기

　이 밖에 친구들이 할 수 있는 집안일은 어떤 것이 있는지 생각해 보세요.

벼룩시장에 참가해 용돈 벌기

벼룩시장은 야외에서 오래된 물건이나 안 쓰는 물건을 사고파는 시장을 말해요. 벼룩시장이라는 말은 1800년대 말부터 유럽에서 사용되었는데, 벼룩이 들끓을 정도로 오래된 물건들을 판다는 의미에서 생겨난 말이에요.

벼룩시장에 참가하면 돈을 벌 수 있는 것은 물론, 나에게는 쓸모없는 물건이 다른 사람에겐 꼭 필요한 물건일 수 있다는 걸 알 수 있지요.

중고 거래 앱으로 용돈 벌어 볼까?

이미 사용했거나 오래된 물건을 중고라고 해요. 요즘엔 중고 거래 앱에서 다양한 물건을 사고팔 수 있답니다. 부피가 큰 가구나 가전제품도 팔수 있으니 정말 편리하겠죠? 중고 거래는 필요 없는 물건을 팔아 용돈을 벌 수 있을 뿐만 아니라, 자원을 절약하고 환경도 보호할 수 있다는 장점이 있어요. 대표적인 중고 거래 앱으로는 '당근마켓'이 있어요.

돈을 모았다면, 은행과 가까워지자!

은행이란?

은행은 저축된 돈을 회사와 사람들에게 빌려주어 경제가 활발해지는 데 도움을 주는 곳이에요. 은행의 종류에는 각 나라마다 하나씩 있는 중앙은행과 특수한 목적을 위해 만들어진 특수 은행, 그 밖에 일반 은행이 있어요. 앞서 살펴본 것처럼, 우리나라의 중앙은행은 한국은행이에요. 나라에서 쓸 돈을 발행하거나 돈의 양을 조절하는 등 나라의 중요한 일들을 맡아 하지요.

우리가 예금이나 적금을 위해 이용하는 은행은 일반 은행이에요. 그럼 은행에서 하는 일을 알아볼까요?

일반 은행에서 하는 일

은행의 가장 큰일은 사람들로부터 예금을 받아 그 돈을 필요한 회사나 사람들에게 빌려주는 일이에요. 물론 공짜로 돈을 빌려주는 것은 아니에요. 수수료와 이자를 받아 이익을 챙기고, 그 이익의 일부를 예금한 사람들에게 다시 이자로 주지요. 그 밖에 공과금을 처리하거나 신용 카드를 발급하기도 하고, 외국의 돈을 다루는 일도 한답니다.

특수 은행에서 하는 일

특수 은행은 일반 은행과 하는 일이 달라요. 농업이나 수산업 협동조합 은행은 농민과 어민을 돕는 일을 하고, 산업 은행과 중소기업 은행은 우리나라의 여러 산업과 중소기업에 돈을 빌려주는 일을 하고 있답니다.

우리도 예금을 해 볼까?

　은행에서 어린이가 이용할 수 있는 서비스로는 예금, 적금이 있어요. 예금은 언제든지 돈을 맡기고 찾을 수 있지만, 적금은 정해진 날짜에 반복적으로 돈을 맡기거나 큰돈을 한꺼번에 맡기고 정해진 기간이 지난 뒤에 찾아요. 예금이 더 좋은 것 같다고요? 하지만 예금은 이자를 적게 주고, 적금은 보통 예금보다 이자를 많이 준답니다. 본인에게 더 맞는 것을 선택하면 되겠지요?

　자, 그럼 예금하러 은행으로 가 볼까요?

은행 계좌, 어떻게 만들까?

예금을 하려면 꼭 필요한 것이 있어요. 바로 내가 예금하려는 은행의 계좌예요. 우선 계좌를 만드는 방법부터 차근차근 알아볼까요?

 은행에 가기 전, 준비물을 챙겨요. 준비물로는 가족관계증명서, 도장, 보호자 신분증이 필요해요.

 집에서 가까운 은행에 방문해요.

 은행 창구에서 계좌를 만들러 왔다고 말하면 은행원이 친절하게 도와줄 거예요.

꼭 은행에 방문해야만 하냐고요? 요즘에는 은행 인터넷 사이트에서도 손쉽게 계좌를 만들 수 있어요. 어른의 도움을 받아서 도전해 봐요!

돈 잘 쓰는 법·용돈 기입장 쓰는 법

똑똑하고 현명하게 돈 쓰는 법

　용돈을 하나도 쓰지 않고 모으면 금방 큰돈을 모을 수 있을 거라고요? 하지만 용돈을 하나도 쓰지 않는 건 불가능에 가까운 일이에요. 용돈을 쓰지 않으면 과자를 사 먹을 수도 없고, 버스를 탈 수도 없을 테니까 말이에요. 어린이뿐만 아니라 사람은 소비 활동을 하지 않고는 살 수 없어요. 대중교통 이용하기, 먹을거리 사기, 학용품 사기, 몸이 아플 때 병원 가기 등 대부분의 일에 소비가 필요하지요.

소비가 잘 이루어지는 나라

사람들이
물건을 산다.

기업은
돈을 벌어 더 많은
물건을 만들어
낸다.

기업이
더 많은 사람들을
고용하여
가정의 소득이
늘어난다.

사람들이
더 많은 물건을
산다.

나라의 경제가
잘 돌아간다.

물건을 사기 전에 한 번 더 확인하자!

1 사야 할 물건을 메모한다.

잠깐! 물건을 살 때 사은품이나 1+1 행사를 조심해야 해요. 더 많이 팔기 위한 눈속임일 수도 있으니, 꼼꼼히 따져 보고 고르자고요!

5 소비한 내용을 용돈 기입장에 적고 점검한다.

2 꼭 필요한 물건인지, 집에 있는 물건은 아닌지 한 번 더 생각한다.

4 영수증과 거스름돈 등을 꼼꼼하게 챙긴다.

3 여러 곳을 비교한 뒤, 물건을 살 곳을 결정한다.

영수증은 왜 챙겨야 할까?

영수증이 없으면 구입한 물건을 교환하거나 환불받을 수 없어요. 또 영수증을 모아 두면 돈을 어디에 썼는지 알 수 있어 편리하지요.

그 영수증이 어디 있나?

용돈 기입장 왜 써야 할까?

용돈 기입장이란 용돈을 받은 날짜와 돈을 쓴 날짜, 사용한 곳, 남은 돈 등을 적는 기록장이에요. 용돈 기입장을 쓰면 소비 습관을 한눈에 살펴볼 수 있어서 좋아요. 계획적인 소비를 하는 데 도움을 주거든요. 한 달 또는 한 해의 용돈 예산을 짤 때도 이전에 써 둔 용돈 기입장은 중요한 정보가 돼요.

용돈 기입장, 이것만은 꼭 알고 쓰자!

용돈 기입장은 돈이 들어오거나 나갔을 때 바로바로 쓰는 게 좋아요. 나중에 써야지 하고 그냥 지나가다 보면, 언제 어디서 돈을 썼는지 기억하지 못하는 경우가 생기거든요.

들어온 돈과 나간 돈을 다른 색깔의 펜으로 적으면 더욱 쉽게 알아볼 수 있어요. 돈을 쓴 뒤 영수증을 챙겨, 용돈 기입장에 붙이는 것도 좋은 방법이에요. 또 한 달의 마지막 날에는 한 달 동안의 수입과 지출을 살펴보세요. 그런 뒤 다음 달 예산을 세우면 더욱 좋겠지요?

음, 이 달은 간식을 좀 줄여야겠어....

용돈 기입장

종류	금액	남은 돈
		9000원
아이스크림	1000 원	8500원
빵	500원	7500 원
공 책	1000원	6800원
사 탕	700원	5800원
	1000 원	5000원

돈 잘 쓰고 잘 모으는 법

어린이가 돈 모으는 방법

용돈 아껴 쓰기
- 예산 세우기
- 쓰는 돈 줄이기
- 저축하기

용돈 벌기
- 집안일 하고 용돈 받기
- 벼룩시장 참가하기

은행과 가까워지기

은행은 저축된 돈을 회사와 사람들에게 빌려주어 경제가 활발해지는 데 도움을 주는 곳이에요. 그 밖에 공과금을 처리하거나 신용 카드를 발급하기도 하고, 외국의 돈을 다루는 일도 한답니다. 은행에서 어린이가 이용할 수 있는 대표적인 서비스로는 예금이 있어요. 은행에 방문하거나 온라인으로 계좌를 만들면 예금할 수 있답니다.

똑똑하고 현명하게 돈 쓰는 법

1 사야 할 물건을 메모한다.

2 꼭 필요한 물건인지, 집에 있는 물건은 아닌지 한 번 더 생각한다.

3 여러 곳을 비교한 뒤, 물건을 살 곳을 결정한다.

4 영수증과 거스름돈 등을 꼼꼼하게 챙긴다.

5 소비한 내용을 용돈 기입장에 적고 점검한다.

용돈 기입장

용돈을 받은 날짜와 돈을 쓴 날짜, 사용한 곳, 남은 돈 등을 적는 기록장을 용돈 기입장이라고 해요.

용돈 기입장 잘 쓰는 법

– 돈이 들어오거나 나갔을 때 바로바로 쓴다.
– 들어온 돈과 나간 돈을 다른 색깔의 펜으로 쓴다.
– 영수증을 챙겨, 용돈 기입장에 붙인다.

화폐의 모든 것, 여기 다 있다!

– 한국은행 화폐 박물관

  이곳은 한국은행에서 만든 '화폐 박물관'이에요. 돈과 관련된 전시품을 둘러보며 돈에 대한 궁금증을 해결할 수 있지요. 이곳에서는 화폐가 만들어지는 과정, 위조 화폐를 구별하는 법, 옛날 화폐, 세계의 화폐들뿐만 아니라 한국은행의 역사, 한국은행이 하는 일 등도 한눈에 볼 수 있답니다.

화폐 박물관
- **위치** : 서울시 중구 남대문로 39
- **홈페이지** : bok.or.kr/museum/main/main.do
- **전화번호** : 02-759-4881
- **개관 시간** : 10:00~17:00(월요일 휴관)
- **입장료** : 무료

화폐 박물관 층별 안내

2층 모형 금고, 한은 갤러리, 세계의 화폐실, 체험 학습실, 기획 전시실

M층 옛 총재실, 화폐 박물관 건축실, 옛 금융통화위원회 회의실

1층 우리의 중앙은행, 화폐의 일생, 돈과 나라 경제, 화폐 광장, 상평통보 갤러리

먼저 1층부터 둘러보아요. 지폐의 재료가 뭔지 아는 사람? 당연히 종이라고요? 땡! 놀랍게도 지폐는 면을 얇게 펴서 만들어요. 옷이나 이불을 만드는 면 말이에요. 면으로 돈을 만들면 질겨서 잘 찢어지지 않거든요. 종이처럼 얇게 만든 면에 가짜 돈을 만들지 못하도록 복잡한 과정을 더하면 우리가 사용하는 지폐가 완성된답니다.

동전의 재료는 구리와 아연 같은 쇠붙이예요. 쇠붙이를 동전 모양으로 만든 뒤, 발행 연도·금액 등을 새기면 우리가 사용하는 동전이 되지요. 동전을 찍어 내는 기계를 '압인기'라고 해요.

화폐 박물관에서 볼 수 있는 압인기는 우리나라에서 처음으로 쓰였던 서양식 압인기예요. 지금은 현대식 압인기를 사용하고 있지요.

압인기

사실 화폐 박물관은 국가 중요문화재 사적 제280호로 지정됐을 만큼 건축적으로 아름답답니다. M층에서는 화폐 박물관의 건축적 특징과 한국은행이 자리 잡은 남대문로의 옛 모습도 재현해 두었어요.

그뿐만 아니라, 한국은행이 하는 일을 심의하고 의논하여 결정하는 정책 기구인 금융통화위원회의 옛 모습까지 엿볼 수 있답니다.

한국은행 총재의 집무실을 재현한 공간도 있어요. 이곳에서는 증강현실 기술이 적용된 앱으로 총재님과 함께 사진을 찍을 수 있다고 하니 그냥 지나칠 수 없겠죠?

자, 이제 2층으로 올라가 볼까요?

2층에는 한국은행의 실제 금고를 본떠 만든 모형 금고가 있어요. 한국은행의 금고가 어떻게 생겼는지 궁금해하는 사람이 많아서 아예 모형으로 만들었다고 해요. 금고 안에는 엄청나게 많은 돈이 쌓여 있어요. 돈을 이렇게 많이 쌓아 두었다가 도둑이라도 들면 어쩌느냐고요? 걱정하지 말아요. 이 돈들은 진짜 돈이 아니니까요.

세계의 화폐실에는 전 세계 170여 개 나라의 돈들이 전시되어 있어요. 체험 학습실에서는 돈과 관련된 다양한 놀이를 해 볼 수 있지요. 화폐와 관련된 컴퓨터 게임을 할 수 있고, 자신의 얼굴이 새겨진 지폐를 만들 수도 있답니다.

화폐 금융 박물관에 둘러볼 것이 정말 많지요? 화폐에 대해 알고 싶은 친구들이라면 이곳에 꼭 한번 가 보도록 해요. 돈에 대한 정보가 알차게 꾸며져 있는 것은 물론, 관람료가 무료여서 더욱 좋답니다.

1 돈은 어떻게 발전해 왔을까요? 순서대로 정리해 보세요.

①
소금·베·곡식 등
물품 화폐를
이용했어요.

②
가볍고 가지고
다니기 편리한 지폐가
생겨났어요.

③
물에 녹지 않고
썩지도 않는 금속으로
화폐를 만들기
시작했어요.

④
물물 교환을
통해 필요한 물품을
구했어요.

2 북적북적 바쁜 시장에서 야채 가게 주인과 손님이 대화를 나누고
있네요. 다음 대화에서 알 수 있는 돈의 역할은 무엇인가요?

야채 가게 주인 : 쌉니다, 싸요! 오이가 5개에 천 원!
손님 : 정말 싸네요. 오이 이천 원어치만 주세요.

3 돈 없이도 물건을 살 수 있는 신용 카드에는 어떤 비밀이 숨겨져 있을까요? 다음 빈칸에 알맞은 답을 〈보기〉에서 찾아 써 보세요.

신용 카드는 신용 카드 회사와 (①)을/를 맺은 상점에서만 쓸 수 있어요. 신용 카드로 물건을 구입하면, 신용 카드 회사는 가게에 대신 (②)을/를 내줘요. 그런 다음 개인이 나중에 카드 회사에 지불하는 방식이지요. 다만 가게는 신용 카드 회사에 (③)을/를 내야 하고, 개인은 가입비 또는 이자를 내야 한답니다.

보기

| 계약금 | 계약 | 수수료 | 물건값 |

4 경제와 과학이 발달하면서 상품권·사이버 머니 등 새로운 돈들이 생겨났어요. 미래에는 또 어떤 돈들이 새로 만들어질까요? 이유도 함께 써 보세요. 서술형문항대비 ✔

미래의 새로운 돈

투명하게
변하는 돈

이유 : 버튼을 누르면 투명해지는 돈이 있다면, 소매치기 당할 걱정이 없을 것이다.

이유 :

❷ 돈이 태어나서 죽을 때까지

1 한국은행이 세워진 가장 큰 목적은 무엇일지 생각하며, 다음 빈칸에 공통으로 들어갈 말을 써넣으세요.

> 한국은행은 (   )를 안정시키기 위해 만들어졌어요. (   )가 안정되면 국민들이 안락한 삶을 살 수 있고, 경제도 발전하거든요.

2 돈이 만들어지는 과정과 그 일을 하는 기관을 바르게 짝지어 보세요.

① 화폐 발행 계획을 세운다.   ㉠ 한국 조폐 공사

② 돈을 만든다.   ㉡ 전국 금융 기관

③ 사람들에게 새 돈을 지급한다.   ㉢ 한국은행

3 돈은 만드는 데도, 폐기하는 데도 많은 돈이 들어요. 그래서 돈을 깨끗하게 사용하는 것이 결국 돈을 절약하는 방법이지요. 돈을 깨끗하게 사용하는 방법 가운데 틀린 것은 무엇일까요?

① 돈을 지갑에 넣어서 다닌다.
② 돈을 꼬깃꼬깃 접어서 가지고 다닌다.
③ 돈에 메모나 낙서를 하지 않는다.
④ 물이나 오물이 묻은 손으로 돈을 주고받지 않는다.

4 지폐에는 다양한 위조 방지 장치가 숨어 있어요. 책 속의 내용을 떠올리며 우리나라 지폐의 위조 방지 장치에는 어떤 것이 있는지 한 가지만 써 보세요. 서술형문항대비 ✔

5 요즘에는 동전을 위조하는 일이 거의 일어나지 않는대요. 그 이유는 무엇일까요?

① 가짜 동전을 만드는 데 동전의 가치보다 더 많은 돈이 들기 때문이다.
② 동전에 있는 위조 방지 장치가 매우 뛰어나기 때문이다.
③ 동전을 사용하는 사람이 거의 없기 때문이다.

1 돈과 관련된 경제 용어들의 뜻을 설명해 놓았어요. 설명에 알맞은 용어를 〈보기〉에서 찾아 써넣어 보세요.

① 상품의 교환 가치를 돈으로 나타낸 것 (   )

② 돈이나 물건을 지나치게 많이 써서 없애는 일 (   )

③ 물건, 돈, 기술 등 여러 가지 상품이 한 나라를 벗어나 다른 나라와 거래되는 것 (   )

④ 일정 기간 동안 일한 대가로 얻은 수입 (   )

보기

가격	과소비	수출	경제 성장
무역	물가	소득	유통

2 돈의 가치가 떨어지는 다음과 같은 현상을 무엇이라 할까요?

아프리카의 짐바브웨에서는 달걀 세 개의 값이 천억일 정도로 물가가 올랐어요. 물가가 오른다는 것은 돈의 가치가 떨어진다는 것을 뜻하지요.

3 돈의 가치가 많이 떨어지고 물가가 오르는 이 현상이 일어났을 때 생길 수 있는 일 가운데 틀린 것은 무엇인가요?

① 빈부 격차가 심해져요.
② 수출이 줄고 수입이 늘어나요.
③ 저축이 늘어요.
④ 경제 성장이 멈춰요.

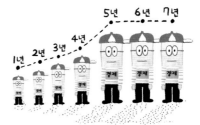

4 다음은 한국은행이 물가를 안정시키는 방법이에요. 빈칸에 들어갈 말에 ◯ 표시를 해 보세요.

통화량이란 시중에 돌아다니는 돈의 양을 말해요. 한국은행은 통화량을 조절해 물가를 안정시키지요. 통화량이 늘면 돈의 가치가 (① 올라 / 떨어져) 물가가 올라가요. 통화량이 줄면 돈의 가치가 (② 올라 / 떨어져) 물가가 내려가므로 통화량을 늘린답니다.

5 도니의 엄마는 '이것'을 보고 매해 물가가 얼마나 올랐는지 판단해요. 물가의 오르내림을 숫자로 알기 쉽게 나타낸 이것은 무엇일까요?

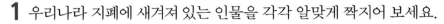

④ 돈 속에 예술이 숨어 있다!

1 우리나라 지폐에 새겨져 있는 인물을 각각 알맞게 짝지어 보세요.

① 천 원권 　　　　　ㄱ  퇴계 이황

② 오천 원권 　　　　ㄴ  율곡 이이

③ 만 원권 　　　　　ㄷ  세종 대왕

2 2009년에 새로 만들어진 오만 원권 지폐에는 신사임당이 그려져 있어요. 빈칸에 알맞은 말을 써넣어 보세요.

> 신사임당은 우리나라 최초의 (①) 화폐 모델이에요. 남녀 차별이 심했던 조선 시대에 여성이라는 한계 속에서 예술적 재능을 펼쳤다는 것, (②)을/를 길러 낸 훌륭한 어머니이자 어진 아내의 역할을 다한 (③)라는 것이 신사임당이 모델로 선정된 이유였답니다.
>
>

3 우리나라 지폐 앞면에는 나라를 대표하는 위인이, 지폐의 뒷면에는 문화재가 그려져 있어요. 만 원권 지폐 뒷면에 있는 이 문화재의 이름은 무엇인가요?

조선 시대 장영실이 만든 천체 관측 기구,
(   )

① 측우기   ② 훈민정음   ③ 해시계   ④ 혼천의

4 나만의 지폐를 디자인해 보세요.

나만의 지폐 만드는 법
1. 지폐 앞면에 금액을 적는다.
2. 지폐 앞뒷면 빈 공간에 원하는 그림을 그려 넣는다.

(앞면)

(뒷면)

1 돈을 모으기 전에는 무엇을 위해 돈을 모으는지 확실한 목표를 세우면 좋아요. 친구들도 나도니처럼 돈을 모아서 하고 싶은 일이 있나요? 있다면 얼마를 모으고, 어떻게 쓰고 싶나요? `서술형문항대비` ✔

2 용돈이란 스스로 계획하여 쓸 수 있는 돈이에요. 용돈을 잘 관리하는 것만으로도 큰돈을 모을 수 있지요. 용돈을 관리하는 방법 가운데 하나는 (　　　)을 세우는 일이에요. '어떤 일을 하는 데 필요한 비용을 미리 셈하여 정해 놓는 일'을 뜻하는 이 말은 무엇인가요?

① 예산　　　　　　② 예금　　　　　　③ 저금

3 벼룩시장에서는 나에게 필요 없어진 물건을 팔고, 그 돈으로 다른 사람이 판매하는 물건을 구입할 수 있어요. 팔고 싶은 물건이 있나요? 그 물건과 이유를 적어 보세요.

(　　　　)를 팔고 (　　　　)를 사고 싶어요.
그 이유는 ＿＿＿＿＿＿＿＿＿＿＿＿＿＿＿ 이에요.

4 돈과 관련된 체험 학습 기관에 다녀온 뒤 보고서를 써 보세요.

날짜		이름		학년, 반	
장소					
가는 방법					
체험 학습 내용	체험 학습 전 알았던 사실				
	체험 학습 뒤 알게 된 점				
느낀 점					
아쉬운 점					

❶ 조개껍데기부터 사이버 머니까지!

1. 4→1→3→2
2. 물건 교환의 수단
3. ① 계약 ② 물건값 ③ 수수료

❷ 돈이 태어나서 죽을 때까지

1. 물가
2. ① - ㉢, ② - ㉠, ③ - ㉡
3. ②
4. 숨은 그림, 돌출 은화, 볼록 인쇄 등
5. ①

❸ 인플레이션? 디플레이션? 통화량?

1. ① 가격 ② 과소비 ③ 무역 ④ 소득
2. 인플레이션
3. ③
4. ① 떨어져 ② 올라
5. 물가 지수

❹ 돈 속에 예술이 숨어 있다!

1. ① - ㉠, ② - ㉡, ③ - ㉢
2. ① 여성 ② 율곡 이이 ③ 현모양처
3. ④

❺ 돈 잘 쓰고 잘 모으는 법

2. ①

찾아보기